*MACIERZ WZROSTU BCG:
TEORIE I ZASTOSOWANIA*   4

Kluczowe informacje   4
Wstęp   5

TEORIA   8

Kontekst i koncepcja   8
Zalety stosowania macierzy BCG udziału we wzroście   12

OGRANICZENIA I ROZSZERZENIA   14

Wcześniejsze założenia   14
Ograniczenia i krytyka   15
Powiązane modele i rozszerzenia   17

PRAKTYCZNE ZASTOSOWANIE   21

Porady i najważniejsze wskazówki   21
Studium przypadku   25

PODSUMOWANIE   29

DALSZE CZYTANIE   31

Bibliografia   31
Dodatkowe źródła   32

MACIERZ WZROSTU BCG: TEORIE I ZASTOSOWANIA

KLUCZOWE INFORMACJE

- **Nazwy:** macierz udziału we wzroście BCG, macierz BCG, Product Portfolio Matrix, macierz bostońska, analiza Boston Consulting Group, diagram portfolio. Jej nazwa pochodzi od Boston Consulting Group, międzynarodowej firmy doradztwa strategicznego, która dokonała konceptualizacji macierzy.

- **Zastosowanie:** Stosowana jest przede wszystkim przez menedżerów, którzy chcą obserwować względne znaczenie działań w swoim portfelu. Dostarcza porad dla portfela poprzez zachęcanie do inwestowania, utrzymywania lub usuwania działań.

- **Dlaczego jest skuteczna?** Stosowana w odpowiednich warunkach pozwala menedżerom dowiedzieć się więcej o ich działaniach i podjąć najlepsze decyzje dotyczące alokacji zasobów i umiejętności.

- **Słowa kluczowe:** SBU, narzędzie strategiczne, względny udział w rynku, stopa wzrostu rynku, gwiazdy, krowy gotówkowe, znaki zapytania, psy, lider, zwolennik, samofinansowanie, korzyści skali, cykl dojrzałości rynku, macierz GE, macierz Ashridge Portfolio.

WSTĘP

W dzisiejszych czasach powszechnie akceptowana jest potrzeba posiadania przez menedżerów portfela zróżnicowanych działań oraz umiejętność jak najbardziej efektywnego zarządzania wszystkimi ich działaniami. W istocie każdy, kto choćby na chwilę spuści oko z rozwoju swojego portfela biznesowego, zostanie szybko ukarany za swoje zaniedbania. Jednak takie zarządzanie działalnością nie jest łatwe i wiele firm, które uważały się za niezwyciężone, upadło w wyniku złej analizy rynku lub przecenienia swoich sił.

Matryce zarządzania portfelem pojawiły się, aby pomóc tym menedżerom, pozwalając im lepiej zrozumieć wpływ ich różnych SBU (strategicznych jednostek biznesowych).

 **DOBRZE WIEDZIEĆ: SBU**

SBU to część przedsiębiorstwa, do której menedżer może zdecydować o przydzieleniu lub usunięciu zasobów. Podział firmy na SBU zaspokaja potrzebę organizacyjną i zapewnia lepszy przegląd różnych działów w firmie. Każda SBU może być kierowana w sposób autonomiczny i niezależny, w zależności od decyzji firmy.

Historia

Boston Consulting Group została założona przez Bruce'a D. Hendersona (1915-1992) w 1963 roku i szybko stała się jedną z największych firm doradztwa strategicznego na świecie, z ponad 80 biurami w prawie 50 różnych krajach. BCG współpracuje z firmami w wielu sektorach, w tym w energetyce, opiece zdrowotnej, motoryzacji i telekomunikacji. Jedną z jej głównych innowacji jest stworzenie macierzy BCG udziału we wzroście .

Macierz BCG macierz udziału we wzroście została opracowana w latach 60. i pozwala użytkownikom określić względny udział rynkowy danej działalności, a także ocenić związany z nią wzrost rynku. Konkretnie oznacza to, że macierz pozwala menedżerom wybrać działania generujące zyski lub o wysokim potencjale, działania w fazie spadku oraz działania o wysokim ryzyku upadku.

Macierz BCG macierz udziału we wzroście pojawiła się w czasie, gdy zrozumienie mechanizmów rynkowych miało duże znaczenie. W tym czasie proces podejmowania decyzji był centralnym punktem wielu pytań w społeczności finansowej. Kontekst sprzyjał więc opracowaniu i wykorzystaniu macierzy, która oferowała szereg narzędzi ułatwiających menedżerom podejmowanie decyzji o alokacji zasobów. W konsekwencji spotkała się ona z bardzo dobrym przyjęciem i została szybko zaadoptowana przez liderów biznesu.

Definicja modelu

Macierz BCG udziału we wzroście nakazuje użytkownikowi podzielić różne jednostki SBU na podstawie ich przewidywanego wzrostu i względnego udziału w rynku. Jest ona zatem oparta na dwóch osiach i dzieli jednostki SBU na cztery kategorie: gwiazdy, krowy biznesu, znaki zapytania i psy. Dzięki temu modelowi menedżerowie mogą dokonywać najlepszych wyborów przy przydzielaniu zasobów do poszczególnych jednostek SBU. Macierz pozwala im również uzyskać lepszy przegląd biznesu i określić, które obszary działań strategicznych należy promować, a które usunąć.

TEORIA

KONTEKST I KONCEPCJA

Macierz BCG udziału we wzroście jest jednym z najczęściej stosowanych przez menedżerów narzędzi zarządzania portfelem. Jest ona częścią większego zbioru macierzy alokacji zasobów, w tym macierzy McKinseya i Ashridge'a. Głównym celem tych modeli jest ułatwienie procesu decyzyjnego menedżerów, szczególnie w przypadku alokacji rzadkich zasobów (pieniężnych, materialnych lub intelektualnych) do poszczególnych SBU. Innymi słowy, dążą one do stworzenia spójnego planu wewnętrznej alokacji pomiędzy SBU w oparciu o ich odpowiednie atrakcje (które są związane z generowaniem zysków, potencjałem rozwoju itp.), ale także możliwości synergii pomiędzy SBU. Wszystkie mają dwie osie: pierwsza związana jest ze specyfiką rynku, druga dotyczy mocnych stron firmy.

Macierz BCG udziału we wzroście pozwala na naniesienie różnych strategicznych jednostek biznesowych firmy na wykres z dwiema osiami:

- Oś pionowa odpowiada stopie wzrostu rynku, czyli potencjałowi rozwojowemu rynku w najbliższych latach. Ogólnie uważa się, że rynek rozwijający się doświadcza wzrostu ilościowego sprzedaży o około 5%.

- Oś pozioma przedstawia względny udział SBU w rynku. Aby obliczyć względny udział w rynku, stosuje się zazwyczaj stosunek: względny udział SBU w stosunku do udziału w rynku głównego konkurenta.

  - np. Jeśli mam 15% udziału w rynku, a mój konkurent ma 10%, mój względny udział w rynku będzie równy 1,5, ponieważ $\frac{15\%}{10\%}$ generuje ten wynik.

Względny udział w rynku uznaje się za silny, gdy jego wartość jest większa niż 1,25.

👁 DOBRZE WIEDZIEĆ: LIDER CZY NAŚLADOWCA?

Dla przedsiębiorstwa, bycie "liderem" oznacza posiadanie dominującej pozycji dla danego produktu na danym rynku i bycie uznawanym przez innych za lidera ryku (pierwszą firmę, która przychodzi na myśl) w swojej kategorii. I odwrotnie, "naśladowca" ma jedynie niewielki udział w rynku i dlatego jest zmuszony dostosować się do konkurencji, jeśli chce przetrwać na rynku (Lambin i Moerloose, 2008).

Implikacje tego modelu pozwalają użytkownikom zrozumieć różne punkty, które należy rozważyć przed ustaleniem priorytetów dla pewnych działań. Rzeczywiście, chociaż diagram jasno pokazuje, że rosnący rynek w połączeniu ze znaczącym udziałem w rynku jest niezwykle atrakcyjny dla menedżerów, nie zawsze łatwo jest wiedzieć, jak postępować z działaniami, które stanowią znaczący udział w rynku na rynkach będących w stagnacji lub malejących. Wiele pytań budzi również kwestia SBU o niskim udziale w rynku na rynkach wykładniczo rosnących. Dzięki powyższym informacjom możemy podzielić wykres na cztery kwadranty, aby wyróżnić różne rodzaje SBU i ich przepływy pieniężne. Przepływy pieniężne są obliczane z wykorzystaniem bilansu bieżącego roku obrotowego (suma amortyzacji i rezerw + zysk netto po opodatkowaniu i przed ewentualną redystrybucją zysków) i wskazują na finansową autonomię firmy.

- **Gwiazdy** reprezentują obszary działalności o znacznym względnym udziale w rosnącym rynku. Możemy założyć, że działania w tym kwadrancie są często liderami rynku i wymagają znaczących i ciągłych inwestycji, aby wspierać ich wzrost, jednocześnie opierając się presji ze strony konkurencji. Niemniej jednak, wyniki z nawiązką zwrócą te inwestycje, ponieważ te działania generują znaczące zyski dla zarządzającego.

- **Psy**, zwane czasem zwierzętami domowymi, znajdują się w prawym dolnym kwadrancie. Reprezentują one SBU zlokalizowane na rynku o niskim wzroście i niskim względnym udziale w rynku. Są to często działalności schyłkowe, które konkurują na rynkach zdominowanych przez pewnych konkurentów (przewaga konkurencyjna). Te "starzejące się" działalności mogą wymagać dużych inwestycji, tylko po to, aby w końcu przynieść niewielkie lub żadne rezultaty. Dlatego też na ogół wskazane jest usunięcie tych działalności: kontynuowanie ich może zaszkodzić przedsiębiorstwu.

- **Krowy gotówkowe** to działania o dość dużym udziale w rynku w sektorach schyłkowych. Działalność ta często ma już ugruntowaną dominację nad swoimi konkurentami na dojrzałym rynku i dlatego wymaga jedynie ograniczonych inwestycji. W istocie stan rynku prawdopodobnie nie doprowadzi do wejścia na rynek nowych podmiotów i nie zmotywuje istniejących konkurentów do wyparcia tych już istniejących. Efekt doświadczenia, w szczególności dzięki zasobom, kluczowym kompetencjom i korzyściom skali, pozwala firmie osiągnąć wyższe zyski niż konkurenci. Celem tych działań nie jest już rozwój, ale "dojenie" wypracowanego zysku. Dlatego też często odpowiadają one za znaczne wpływy finansowe i umożliwiają inwestowanie, zwłaszcza w gwiazdy i znaki zapytania.

 ## WARTO WIEDZIEĆ: EFEKT DOŚWIADCZENIA

Efekt doświadczenia obserwuje się, gdy produkuje się więcej (korzyści skali), gdy proces staje się bardziej usystematyzowany (standaryzacja) lub gdy wiedza specjalistyczna staje się coraz silniejsza (efekt uczenia się). W konsekwencji zmniejsza się jednostkowy koszt produkcji (Lendrevie i Lévy, 2013).

- **Znaki zapytania**, zwane również dziećmi problemu, obejmują działania, które mają stosunkowo niski udział w rosnących rynkach. Jak wskazuje ich nazwa, te działalności stanowią prawdziwy problem dla menedżerów. Jednak te SBU stanowią również doskonałą okazję do przyszłych zysków, pod warunkiem wczesnego zainwestowania dużych kwot. Gdy działalność znajduje się na silnie rozwijającym się rynku, wciąż możliwe jest dogonienie lidera poprzez stopniowe przejmowanie udziałów w rynku dzięki inwestycjom. Złożoność zadania polega na wyborze SBU, która ma wystarczający potencjał, aby zająć czołową pozycję na rynku i stać się gwiazdą w przyszłości. Jeśli oczekiwane inwestycje nie wpłyną lub będą zbyt małe, działalność może zamienić się w psa, gdy rynek osiągnie dojrzałość. Należy więc zwrócić szczególną uwagę na znaki zapytania. Zaleca się posiadanie kilku z nich, gdyż nie wszystkie staną się gwiazdami, ale należy je starannie dobierać.

ZALETY STOSOWANIA MACIERZY BCG UDZIAŁU WE WZROŚCIE

Macierz BCG udziału we wzroście pozwala menedżerom uzyskać jasną, długoterminową wizję poszczególnych SBU. Umożliwia pozycjonowanie obszarów biznesowych, obserwowanie ich miejsca w macierzy i lepsze zarządzanie alokacją zasobów. Korzystając z niej, menedżerowie mogą decydować o przyszłości SBU w najlepszych warunkach: dowiedzą się, które muszą usunąć, a w które powinni zainwestować.

Macierz pozwala również użytkownikom zrozumieć różne potrzeby w zakresie rozwoju określonych działań. Wymaga ona od menedżera zastanowienia się nad rynkiem i przeprowadzenia wewnętrznej analizy SBU w celu określenia ich potencjału wzrostu. Kierownictwo może zatem dokonać oszacowania potrzebnych inwestycji.

Wreszcie, macierz BCG udziału we wzroście służy jako przypomnienie, że zyski niektórych SBU muszą być przeznaczone na działania o wysokim potencjale rozwoju. Uświadomi to pracownikom i liderom, jak ważne jest bycie oszczędnym, nawet jeśli dana działalność generuje wysoki zysk.

OGRANICZENIA I ROZSZERZENIA

WCZEŚNIEJSZE ZAŁOŻENIA

Zastosowanie tego modelu wymaga od użytkowników przyjęcia dwóch wcześniejszych założeń:

- **Samofinansowanie.** Macierz BCG udziału we wzroście pomija możliwość zewnętrznego finansowania firmy. Wykorzystuje ona głównie przedstawiony powyżej model cyklu życia produktu, aby wyjaśnić potrzebę istnienia różnych SBU na różnych etapach dojrzałości rynku, aby móc finansować działalność o największym potencjale. Nie uwzględnia się możliwości finansowania zewnętrznego poprzez zadłużenie lub udziałowców.

- **Efekt doświadczenia.** Ta macierz jest naprawdę istotna tylko wtedy, gdy istnieje efekt doświadczenia faworyzujący lidera rynku. W przypadkach, gdy efekt doświadczenia jest ograniczony, wiodąca firma na rynku niekoniecznie będzie bardziej rentowna niż jej następcy, co podważa zasadność modelu.

Ważne jest, aby zawsze uwzględniać te założenia poprzez obserwację rynku przed zastosowaniem macierzy BCG udziału we wzroście. Zła analiza rynku może bowiem podważyć skuteczność modelu i spowodować podjęcie przez menedżera złych decyzji.

OGRANICZENIA I KRYTYKA

Chociaż macierz BCG udziału we wzroście jest uznawana za użyteczne narzędzie, które stanowi cenną pomoc dla menedżerów chcących monitorować swoje różne działania, to jednak posiada ona szereg ograniczeń, których należy być świadomym. Powyższe założenia są restrykcyjne, ale można je łatwo zweryfikować w praktyce. Ponadto należy wyjaśnić kilka kwestii.

Nieprecyzyjna terminologia

Niektóre z używanych terminów nie są łatwe do zdefiniowania lub określenia ilościowego. W rzeczywistości, w zależności od cech rynku, ten sam względny udział w rynku może wydawać się wysoki lub niski. Ponadto ten sam rynek może być różnie definiowany przez różnych menedżerów, co komplikuje obliczenia. Wyniki mogą zatem różnić się w zależności od sposobu zdefiniowania rynku.

Na przykład, jeśli firma sprzedaje długopisy, czy powinna uznać za konkurentów sprzedawców ołówków i sprzedawców oprogramowania do edycji tekstów?

Menedżer często będzie miał tendencję do wybierania rozwiązania, które najbardziej mu odpowiada, ryzykując, że skończy z krową gotówkową lub psem. Odpowiedź uzyskana dzięki rynkowi akcji wzrostowych jest więc zwykle oparta na subiektywnych kryteriach właściwych dla menedżerów, co skłoniło krytyków macierzy do twierdzenia, że rozwiązanie to jest utrudnione przez wpływ jego użytkownika.

Co więcej, podział na kwadranty może się różnić w zależności od konsultowanych materiałów referencyjnych. Granica między znakiem zapytania a psem może czasami wydawać się nieostra.

Zbytnie uproszczenie złożonego świata

O ile prawdą jest, że model ten daje dobre ogólne wyobrażenie o pozycjonowaniu każdego SBU, nie możemy być pewni, że po skategoryzowaniu wszystkie działania będą automatycznie podążać ścieżką opisaną powyżej. Nie wszystkie psy są skazane na tragiczny koniec opisany powyżej, w ten sam sposób, w jaki krowy pieniężne nie zawsze stanowią stałe źródła przychodów. W rzeczywistości pies może odnieść spory sukces, jeśli wdrożona zostanie strategia różnicowania w stosunku do lidera, i w pewnym okresie może osiągnąć zysk. Kierownik krowy gotówkowej może również uznać za demoralizujące, jeśli wszystkie jej zyski są zawsze realokowane na niejasną i nieznaną działalność. W tym przypadku zachowanie pracowników nie jest brane pod uwagę i może prowadzić do błędów w rozwoju przewidywanym przez macierz BCG udziału we wzroście. Wreszcie, niektóre synergie mogą sprawić, że menedżer zda sobie sprawę, że działalność zlokalizowana w kwadrancie psa musi być utrzymana, ponieważ przyczynia się do innych działań.

Działanie na podstawie wyniku

Jest zatem jasne, że wnioski wyciągnięte z matrycy BCG dotyczącej udziału we wzroście gospodarczym należy traktować bardziej jako wskazówki co do kierunku, jak należy obrać, niż jako jasne i precyzyjne zalecenie. Nie zaleca się opierania całej polityki wyłącznie na wynikach pochopnie zastosowanej matrycy udziału we wzroście. Ponieważ świat gospodarki jest złożony, przewidywania matrycy często okazują się tylko częściowo trafne. Wyniki matrycy BCG dotyczącej udziału we wzroście muszą być zatem analizowane i stosowane z ostrożnością, aby uniknąć błędów w ocenie, które mogłyby doprowadzić do upadku SBU. Na przykład jednostka SBU z kategorii psów niekoniecznie powinna być odrzucona na rzecz innych, bardziej dochodowych jednostek, ponieważ może już przynosić korzyści innym jednostkom SBU, dostarczając im umiejętność potrzebnych do pożądanego rozwoju.

POWIĄZANE MODELE I ROZSZERZENIA

Istnieje szereg matryc uzupełniających model udziału we wzroście, w tym:

- Macierz McKinsey'a dla GE

- Matryca portfela Ashridge.

Dzięki zastosowaniu tych nowych macierzy menedżer może wziąć pod uwagę pewne czynniki związane z atrakcyjnością rynku, które są pomijane przez macierz udziału we wzroście. To z kolei pozwala im na zbudowanie jak najlepszego portfela biznesowego.

Macierz McKinsey'a dla GE

Macierz ta została opracowana przez firmę McKinsey & Company, która specjalizuje się w doradztwie strategicznym. Firma, która została założona w 1920 roku przez Oscara Jamesa McKinsey'a (1889-1937), ma na celu doradzanie i pomaganie przedsiębiorstwom w rozwoju w burzliwym środowisku gospodarczym. Posiadając biura na całym świecie, McKinsey & Company ma solidną reputację opartą na silnych wartościach związanych z doradztwem strategicznym.

Macierz opracowana w latach 70. łączy atrakcyjność rynku (kluczowe czynniki otoczenia) i przewagi konkurencyjne SBU (zdolność konkurencyjną SBU na rynku).

Rozważane tu czynniki są zatem nieco inne, ponieważ koncentrują się bardziej na przewadze konkurencyjnej SBU niż na jej udziale w rynku. Dzięki temu możliwe jest uwzględnienie przewag, do których może prowadzić dobry wizerunek marki, zaawansowane zasoby technologiczne itp. Ponadto wykorzystanie atrakcji rynku, a nie jego tempa wzrostu, pozwala na uwzględnienie takich czynników, jak istnienie korzystnych przepisów prawnych. Widać więc wyraźnie, że macierz GE jest znacznie bardziej wyrafinowanym narzędziem diagnostycznym niż macierz BCG udziału we wzroście, ponieważ uwzględnia szereg czynników, które wcześniej były pomijane.

Na koniec warto zaznaczyć, że macierz ta oferuje sytuacje neutralne, pozwalając zarządzającemu na wybór według swoich preferencji lub okoliczności, które uważa za sprzyjające lub niesprzyjające inwestowaniu.

Matryca portfela Ashridge

Opracowana przez Michaela Goolda i Andrew Campbella macierz Ashridge Portfolio Matrix oferuje nową wizję zarządzania portfelem, ponieważ podkreśla zdolność kierownictwa do zrozumienia SBU i podjęcia odpowiednich działań. Jeśli bowiem kierownictwo nie jest w stanie zrozumieć potrzeb rozwojowych SBU, ich inwestycje mogą być źle alokowane. Podobnie, jeśli kierownictwo nie posiada umiejętności pozwalających na poprawę wyników SBU, wszelkie inwestycje będą daremne. Z tej obserwacji wynikają cztery rodzaje działań:

- Działania Heartlandu, które menedżer rozumie i jest w stanie na nich działać;

- Działania balastowe, które kierownik rozumie, ale nie posiada umiejętności niezbędnych do ich usprawnienia;

- Działania typu "pułapka wartości", w których kierownictwo ogólne może poprawić wyniki, ale niekoniecznie rozumie rozumowanie;

- Działania obce, które są wyraźnie nieodpowiednie, gdyż menedżerowie nie rozumieją ich zasadności i nie mają umiejętności ich rozwijania.

Takie podejście pozwala użytkownikom skupić się zarówno na kierownictwie, jak i na SBU, którego wyniki mają być poprawione. Ta relacja była wcześniej pomijana przez teoretyków, którzy skupiali się przede wszystkim na rynku i działalności.

Podsumowując, połączenie tych różnych podejść może być dla menedżera tylko korzystne. Uwzględnienie przewag konkurencyjnych, atrakcji rynkowych oraz interakcji pomiędzy SBU a kierownictwem poprawi zdolność menedżera do analizy alokacji zasobów pomiędzy poszczególne SBU.

PRAKTYCZNE ZASTOSOWANIE

PORADY I NAJWAŻNIEJSZE WSKAZÓWKI

Znaczenie zdefiniowania rynku

Jak widzieliśmy, zdefiniowanie rynku nie zawsze jest łatwe i może przysporzyć zarządzającemu wielu problemów. Menedżer musi unikać:

* skupianie się na zbyt wąskim rynku, z ryzykiem pominięcia dużej liczby potencjalnych konkurentów;

* celowanie w zbyt duży rynek, ponieważ może to prowadzić do długich, żmudnych badań, które są kosztowne pod względem czasu i pieniędzy.

Kluczowe znaczenie ma zdefiniowanie właściwego rynku, ponieważ od tego zależy ogólna analiza macierzy BCG udziału we wzroście. Dlatego zaleca się, aby użytkownicy poświęcili czas na analizę rynku przed zastosowaniem modelu. Nie powinni wahać się szukać pomocy u specjalistów rynkowych, którzy będą mogli doradzić im najlepszy możliwy zarys, biorąc pod uwagę zasoby i czas, jakimi dysponuje menedżer.

Podział SBU w macierzy BCG udziału we wzroście

Istotne jest, aby menedżer miał SBU we wszystkich kwadrantach macierzy wzrostu BCG. Musi uważać, aby nie mieć działań tylko w jednym kwadrancie. Na przykład, podczas gdy posiadanie tylko krów pieniężnych będzie opłacalne w krótkim okresie, w tym przypadku przyszłość będzie niepewna. Ponadto, firma ryzykuje, że wyda się konsumentom stara lub przestarzała. Podobnie, menedżer posiadający tylko znaki zapytania ryzykuje, że szybko doświadczy problemów finansowych i wkrótce będzie zmuszony do zaprzestania wszelkiej działalności. Rozmieszczenie SBU we wszystkich kwadrantach modelu udziału we wzroście jest zalecane w celu osiągnięcia równowagi pomiędzy starzejącymi się, ale lukratywnymi działaniami, a młodymi, o wysokim potencjale, które wymagają ciągłych i znacznych inwestycji.

Przewidywanie ewolucji SBU

W tym miejscu czytelnik może zauważyć, że pozycjonowanie działań strategicznych na macierzy BCG udziału we wzroście nie jest łatwe. Wiele trudności może zakłócić ich wybrane pozycjonowanie i doprowadzić do szybkiego upadku SBU. Co więcej, wytrawny menedżer, który wziął pod uwagę wszystkie różne elementy i cechy rynku, nie może pozwolić sobie na chwilę wytchnienia, gdy prawidłowo zidentyfikował i umieścił SBU na modelu. W istocie, pozycja każdej działalności w macierzy BCG udziału we wzroście nie jest trwale ustalona. Dla każdej reprezentowanej działalności możliwe jest kilka scenariuszy rozwoju. Każde działanie powinno być zatem szczegółowo przeanalizowane, aby dać firmie jak największe szanse na sukces. Dlatego ważne jest, aby wypełnić matrycę BCG udziału we wzroście , która przedstawia różne możliwe scenariusze dla każdego SBU. Aby to zrobić, należy przedstawić różne możliwe opcje, jak pokazano na poniższym diagramie.

- **Ścieżka innowacji.** Odpowiada to bezpośredniemu pojawieniu się SBU w lewym górnym kwadrancie gwiazdy. Firma, która reinwestuje wygenerowane zyski (w szczególności z krów gotówkowych) w R&D (badania i rozwój) może oczekiwać, że będzie podążać ścieżką innowacji. Te reinwestowane pieniądze pozwalają na pojawienie się nowych umiejętności i zasobów, które doprowadzą do powstania nowego SBU z przewagą konkurencyjną nad rywalami. Następnie, gdy rynek osiągnie dojrzałość, oczekuje się, że te działania staną się krowami mechanicznymi, które z kole będą inwestować w B+R.

- **Ścieżka obserwatora.** Podobnie, zyski generowane przez krowy gotówkowe mogą być również inwestowane w znaki zapytania, które mają silny potencjał wzrostu. Dzięki tej inwestycji mogą się one rozwijać i ostatecznie zająć pozycję lidera na rynku.

- **Ścieżka katastrofy.** Nie wszystkie scenariusze są tak optymistyczne jak te widziane wcześniej. W rzeczywistości, jeśli działalność w kwadrancie gwiazd nie otrzyma oczekiwanych inwestycji, może szybko znaleźć się w kwadrancie psów. Może się to również zdarzyć, jeśli firma nie przeanalizuje odpowiednio oczekiwań konsumentów i kluczowych czynników sukcesu.

- **Ścieżka przeciętności.** Ta ścieżka obejmuje działania, które wpadają w kwadrant znaków zapytania i nie udaje im się rozwinąć w gwiazdy. Działania te kończą się stagnacją pomiędzy kategoriami psa i znaków zapytania, co powoduje znaczny drenaż pieniędzy za niezadowalające wyniki.

Menedżer chcący zastosować matrycę BCG udziału we wzroście musi pamiętać o różnych możliwych scenariuszach, a tym samym unikać skupiania się tylko na pozytywnych ścieżkach, którymi mogłyby podążać SBU. Sukces wymaga opracowania odpowiedzi na niepożądane scenariusze, z którymi może spotkać się każda firma.

Komplementarne wykorzystanie matryc zarządzania portfelem

Choć korzyści płynące z zastosowania macierzy BCG udziału we wzroście są oczywiste, ma ona również pewne ograniczenia. Jednym z nich jest fakt, że model ten opiera się na zbyt dużym uproszczeniu i nie uwzględnia wszystkich cech rynku.

Od czasu pojawienia się macierzy BCG udziału we wzroście, również inne modele odniosły pewien sukces wśród menedżerów w zakresie zarządzania portfelem. Należą do nich macierz GE firmy McKinsey oraz macierz portfela Ashridge, które pomagają menedżerowi pogłębić wiedzę o rynku i jego aktywności oraz uzyskać komplementarną wizję najlepszych wyborów alokacyjnych, jakie należy podjąć.

Weźmy przykład znanej na całym świecie firmy założonej w latach siedemdziesiątych. Skupia ona wiele sfer działalności z różnych sektorów. Są to między innymi linie lotnicze, przedsiębiorstwo kolejowe, wydawnictwo, a nawet firma zajmująca się turystyką kosmiczną. Firma jest konglomeratem, co oznacza, że skupia dużą liczbę działalności, między którymi nie ma bardzo wyraźnych synergii. Celem założyciela firmy było umożliwienie rozwoju firm poprzez inwestowanie środków i umiejętności. W 2012 roku grupa odnotowała obrót w wysokości około 13 miliardów funtów i zatrudnia około 50 000 osób na całym świecie.

Przypadek ten jest niezwykle ciekawy, gdy analizuje się go w kontekście macierzy BCG udziału we wzroście, ponieważ pomaga nam zrozumieć, w jaki sposób niektórym SBU udaje się wspierać inne, choć nie ma między nimi żadnych podobieństw. Strategia Richarda Bransona zakłada pomoc wielu firmom w prosperowaniu poprzez wykupy i transfer umiejętności. Aby strategia ta odniosła sukces, konieczne są zatem znaczne fundusze. W tym celu niektóre obszary istniejącej działalności powinny pomóc w finansowaniu nowych działań uznanych za mające pewien możliwy do wykorzystania potencjał.

W tym miejscu przed wyjaśnieniem modelu należy wyjaśnić pewne kwestie, aby można było go w pełni zrozumieć.

- Po pierwsze, nie wszystkie działania firmy są reprezentowane w modelu, aby był on bardziej przejrzysty dla czytelnika. Reprezentowane są tylko niektóre z nich.

- Do tego, niska liczba działań w kwadrancie psa jest tłumaczona tym, że grupa chce uniknąć utrzymywania działań w tym obszarze. Ponadto, w odniesieniu do obecnych działań, trudno jest przewidzieć, które SBU w końcu przejdą do tego kwadrantu.

- Wreszcie, jak stwierdzono powyżej, macierz BCG udziału we wzroście jest narzędziem, które powinno być regularnie aktualizowane, co oznacza, że wyniki z jednego dnia mogą ulec zmianie następnego dnia. Model ten może zatem szybko ewoluować w najbliższych latach.

Po wyjaśnieniu tych kwestii możemy przystąpić do zastosowania macierzy BCG udziału we wzroście przedsiębiorstwa:

- Do SBU, które już się sprawdziły, należą linie lotnicze. Pierwsza linia lotnicza została założona w latach 80. Od tego czasu rozkwitła i mogła się rozwijać: dziś osiągnęła pewną dojrzałość. Przewodząc marce firmy, to głównie dzięki niej firma zdobyła reputację bezpieczeństwa i niezawodności, zarówno w dziedzinie lotnictwa, jak i w pozostałych swoich produktach. Ten rodzaj działalności, będący doskonałym przykładem koncepcji "krów gotówkowych", pozwala firmie pozyskać znaczną ilość środków, które są wykorzystywane na jej rozwój, ale także na rozwój nowych SBU o dużym potencjale. Mimo to, "krowy biznesu" nie trwają wiecznie, ponieważ nawet jeśli spółka dobrze sobie radziła z liniami lotniczymi, nie można tego samego powiedzieć o spółce kolejowej. Po prywatyzacji sieci kolejowej w Wielkiej Brytanii w latach 90-tych, firma postanowiła wykorzystać swoją dobrą reputację w dziedzinie podróży lotniczych i zainwestcwać w ten nowy rynek. Silna konkurencja wymaga ciągłych inwestycji i nie pozwala na przeniesienie dużej części zysków na nowe rynki, co wyjaśnia, dlaczego przedsiębiorstwo kolejowe przesunęło się do kwadrantu psa.

- Dziedziny rozrywki i mediów to dwa rodzaje działalności firmy, które znajdują się w kwadrancie gwiazd macierzy wzrostu BCG:

  - Ponieważ świat telekomunikacji i Internetu stale się rozwija, utrzymanie miejsca wśród elity jest niezwykle opłacalne, ale wymaga to sporych inwestycji. Koncern medialny, chcąc utrzymać swoją pozycję w różnych krajach świata, napotkał na wiele trudności finansowych w tym zakresie. We Francji jedna ze spółek grupy została doprowadzona do złożenia wniosku o upadłość w 2013 roku w wyniku pobierania (legalnego, ale przede wszystkim nielegalnego) muzyki w Internecie.

  - Jeśli chodzi o rozrywkę, grupa jest bardzo aktywna w tym sektorze. Różne źródła dochodów, w tym te generowane przez muzykę, zapewniają wygodne zabezpieczenie finansowe. Jednak problemy w branży medialnej dotyczą również świata rozrywki.

- Ponadto, przedsiębiorstwo takie jak to, oparte na zakupie i rozwoju nowych SBU o wysokim potencjale wzrostu, musi posiadać w swoim portfolio szereg działań ze znakiem zapytania. Stosunkowo niedawne zainteresowanie firmy finansami sugeruje obecnie niepewne perspektywy na przyszłość, co jest szczególnie prawdziwe w czasach globalnego kryzysu. Ponadto, firmy takie jak przedsięwzięcie związane z turystyką kosmiczną nie bardzo przystają do obecnych realiów, a mianowicie spadku siły nabywczej. Tego typu działalność może więc być jedną z pierwszych, które poniosą konsekwencje obecnego kryzysu.

- Wreszcie, nawet jeśli żadna działalność nie jest obecna w kwadrancie psa, firma pozbyła się pewnych działań, które pasowałyby do tej kategorii. Firma skupiająca się na potencjale nowych działań musi zawsze brać pod uwagę ryzyko związane z każdą inwestycją.

Podsumowując, musimy podkreślić, że tej grupie udało się znaleźć dobrą równowagę między obszarami działalności. Działalność, która się sprawdziła, ma na celu finansowanie rozwoju nowych działań, które z kolei, jeśli przewidywania się sprawdzą, przyniosą środki na uruchomienie nowych projektów. Nie jest jednak łatwo określić z całą pewnością drogę, jaką obiorą obszary biznesowe o dużym potencjale, gdyż zastrzyk środków w te działalności zawsze obarczony jest dużym elementem ryzyka. Zastosowanie macierzy BCG udziału we wzroście pozwala menedżerom uzyskać jasność wyborów związanych z przejęciami oraz inwestycjami i rozwojem SBU.

PODSUMOWANIE

- Macierz BCG udziału we wzroście to narzędzie do analizy portfela biznesowego firmy. Została opracowana przez Boston Consulting Group w latach 60. ubiegłego wieku i do dziś jest bardzo popularna wśród menedżerów.

- Macierz ta pozwala menedżerom zrozumieć i obserwować względne znaczenie działań w ich portfelu.

- Zestawia on ze sobą względne udziały rynkowe firmy na osi x oraz tempo wzrostu rynku na osi pionowej.

- W zależności od sytuacji w kwadrantach gwiazd, krów pieniężnych, znaków zapytania i psów, wskazane jest inwestowanie, utrzymywanie lub pozbywanie się działalności.

- Aby zapewnić prawidłowe działanie matrycy, należy potwierdzić szereg założeń, takich jak samofinansowanie i efekt doświadczenia.

- Pewne niejasności, uproszczenie terminów i subiektywizm menedżerów powodują, że matryca bywa nieprecyzyjna i ma pewne ograniczenia.

- Jest to narzędzie komplementarne do macierzy GE McKinseya oraz macierzy portfelowej Ashridge'a. Stosowanie jej samodzielnie, choć ciekawe, nie musi być wystarczające.

- Matryca musi być stale aktualizowana w czasie, zwłaszcza na rynkach o wysokim wzroście.

- Rozwój SBU w czasie może spowodować, że będą one podążać różnymi ścieżkami w swoim cyklu życia.

- Przykład konglomeratu dobrze oddaje działanie macierzy BCG udziału we wzroście i pomaga nam zrozumieć zasadę, na której opiera się finansowanie nowych SBU.

DALSZE CZYTANIE

BIBLIOGRAFIA

Strona internetowa *beCompta*: http://www.becompta.be

Strona internetowa *Boston Consulting Group*: http://www.bcg.com/

Deppe, A. (bez daty) Séquence 4 : La démarche stratégique à l'international. *Marketing Międzynarodowy*. [Online]. [Dostęp 6 maja 2014]. Dostępny w: < http://foad.refer.org/IMG/pdf/Sequence_4-2.pdf>.

Giboin, B. (2012) *La boîte à outils de la stratégie*. Paris: Dunod.

Johnson, G., Scholes, K., Whittington, R. i Fréry, F. (2008) *Stratégique*. [8 wydanie]. Paris: Pearson Education.

Lambin, J. -J. i de Moerloose, C. (2008) *Marketing stratégique et opérationnel. Du marketing à l'orientation de marché*. [7 wydanie]. Paris: Dunod.

Lendrevie, J. i Lévy, J. (2013) *Mercator 2013. Théorie et nouvelles pratiques du marketing*. [10 wydanie]. Paris: Dunod.

Marchesnay, M. (1993) *Management stratégique*. Paris: Eyrolles. s. 5-6.

Strona internetowa firmy *McKinsey*: http://www.mckinsey.com/

Saïas, M. i Métais, E. (2001) *Stratégie d'entreprise : évolution de la pensée. Finance. Contrôle. Stratégie*. 4(1), s. 183-213.

Strona internetowa poświęcona marketingowi strategicznemu: http://www.marketing-strategique.com/

Strona internetowa *Virgin*: http://www.virgin.com/

DODATKOWE ŹRÓDŁA

Armstrong, J. S. i Brodie, R.J. (1994) Effects of Portfolio Planning Methods on Decision Making: Experimental Results. *International Journal of Research in Marketing.* 11(1), pp. 73-84.

Fleisher, C. S. i Bensoussan, B. E. (2003) *Analiza strategiczna i konkurencyjna: Methods and Techniques for Analyzing Business Competition.* Upper Saddle River: Prentice Hall.

Hambrick, D. C., MacMillan, I. C. and Day, D. L. (1982) Strategic Attributes and Performance in the BCG Matrix. A PIMS-Based Analysis of Industrial Product Businesses. *Academy of Management Journal.* 25(3).

Chcemy usłyszeć od Ciebie, co się dzieje!
Zostaw komentarz na temat swojej internetowej biblioteki
i podziel się swoimi ulubionymi książkami w mediach społecznościowych!

Wydawca zapewnia o wiarygodności publikowanych informacji, co jednak nie może wiązać się z jego odpowiedzialnością.

Master ISBN : 9782808066525
Papierowy ISBN : 9782808069311
Depozyt prawny: D/2022/12603/152

Projekt cyfrowy: Primento – cyfrowy partner wydawców.